Au cirque

Renée Monette
Danielle Trussart

Illustrations: Yvan Vallée

TRÉCARRÉ

Données de catalogage avant publication (Canada)

Monette, R. (Renée)

  Au cirque

  (Collection Contes et bricoles ; 2)
  Pour enfants.

  ISBN 2-89249-241-6

  1. Artisanat — Ouvrages pour la jeunesse. 2. Activités dirigées —
Ouvrages pour la jeunesse. 3. Comptines — Ouvrages pour la jeunesse.
4. Cirque — Ouvrages pour la jeunesse. I. Trussart, D. (Danielle).
II. Vallée, Yvan, 1943-   III. David, Michelle. IV. Titre. V. Collection.

TT160.M66 1988a   j745.5   C88-096448-0

Musique: Michelle David

Éditeur-conseil: Jean Lemieux

Photocomposition et montage: Compotech inc.

ISBN 2-89249-241-6

Dépôt légal — 4e trimestre 1988
Bibliothèque nationale du Québec

Imprimé au Canada

Éditions du Trécarré
2973, rue Sartelon
Saint-Laurent (Québec) Canada
H4R 1E6

TABLE

INTRODUCTION

Au cirque est le deuxième volume d'une série de neuf ouvrages intitulée: « Contes et bricoles ». Cette série s'inscrit dans la ligne de *101 comptines et bricolages* et propose aux enfants à partir de trois ans ainsi qu'à leurs éducateurs neuf thèmes susceptibles de capter l'intérêt des jeunes en stimulant leur potentiel de créativité.

Le bricolage est une source de joie et de satisfaction pour l'enfant. Il lui permet de s'approprier le monde concret et l'incite à élargir son champ d'exploration. Articulée à un centre d'intérêts, l'activité de bricolage devient plus enrichissante encore. Dans ce but, chaque ouvrage comporte d'abord une présentation qui prend la forme d'une histoire suivie d'une chanson. Ces textes tentent de canaliser la curiosité et la fantaisie de l'enfant vers le monde de la découverte.

Ce thème, à l'instar des huit autres, peut être abordé dans son entier avec un groupe d'enfants à la garderie, à l'école ou à domicile. Cependant, la plupart des éléments qui composent le thème traité peuvent s'en détacher pour être fabriqués individuellement.

Nous souhaitons que petits et grands prennent plaisir à parcourir ces pages et que les bricoleurs en herbe y puisent le goût de fabriquer leurs propres jeux.

Et badaboum ! me voici,
c'est moi le clown, Gustave
le clown pour te servir, mon petit !
Je suis le roi de la pantomime ;
un peu magicien, un peu jongleur,
un peu acrobate et très, très, très farceur !
Un peu dresseur aussi, regarde Pistache, ma
souris savante, comme elle est élégante !
C'est moi qui lui ai tout appris : elle sait marcher
sur deux pattes, elle sait compter jusqu'à quatre,
elle danse la valse, elle chante l'opéra ; non,
non, non ! je n'exagère pas.
Youpi et tra, la, la !

L'autre jour, j'ai joué un tour à Joe, l'haltérophile. Joe, c'est celui qui soulève toutes sortes de poids : des pois chiches, des pois verts et des pois de senteur !

Ah, ah ! et tra, la, la ! Je ne l'aime pas beaucoup celui-là. Il est peut-être fort, mais il n'est pas drôle du tout. L'autre jour, j'ai caché Pistache derrière les haltères de Joe. Lorsqu'il a aperçu ma souris, il s'est mis à hurler de peur ! Il criait : « Au secours ! à l'aide ! », il appelait sa maman en pleurant. Ah, ah ! et tra, la, la !

C'était tellement drôle, tu aurais dû voir ça, j'étais plié en quatre, je me roulais par terre. Mais patatrac ! badaboum ! et pif, paf ! il était tellement en colère lorsqu'il m'a vu que je me suis sauvé à toutes jambes. Quel mauvais caractère, ce Joe !

7

Regarde Marina, l'équilibriste.
Badoum, badoum, badoum ! mon coeur bat plus
vite quand je la vois.
Comme elle est belle et gentille !
Comme elle est habile et souple !
Badoum, badoum, badoum ! j'envoie Pistache
lui porter une fleur tous les jours.
Quand elle me regarde, je deviens rouge.
Rouge comme une pomme, une fraise ou
quelque chose de vraiment très rouge.

Mais où est encore passée Pistache !
Ah ! Elle est là, pirouette, elle est derrière,
pirouette, elle est devant.
Je dois toujours la surveiller.
Suppose qu'elle s'approche trop du lion… il
pourrait la dévorer. Suppose qu'elle s'approche
trop de l'éléphant… il pourrait l'écraser.

Pistache aime beaucoup se promener à dos
d'éléphant avec Maya l'acrobate, mais c'est
dangereux pour elle.
Youpi et tra, la, la ! pif, paf et patatrac !
nous nous déplaçons beaucoup, nous,
les gens du voyage.
Quelques jours ici et quelques jours là-bas.
Nous changeons de village,
de ville et de pays. J'ai fait rire
le monde entier, tu sais.

Oh ! j'en ai vu des enfants !
Ils parlaient chinois, anglais, allemand, espagnol,
russe ou arabe et pourtant on se comprenait.
Au cirque, pas besoin de dictionnaire.
Badaboum et tra, la, la ! un jour j'irai chez toi,
dans ton pays. Je traverserai les montagnes et
les mers pour te voir.
Nous rirons tous les deux !
J'ai des tas de bonnes histoires à te raconter.
Bing, bang ! youpi et patatrac ! j'ai hâte de partir.
Pif, paf, très, très hâte de te voir.
Oh ! Il faut que je te quitte, car tous les
billets sont vendus. Le grand chapiteau est plein
à craquer. Tric, trac ! on m'appelle, le spectacle
va commencer, trac, trac, trac !
Et badaboum ! me voici, c'est moi Gustave,
Gustave le clown pour vous servir,
messieurs dames !

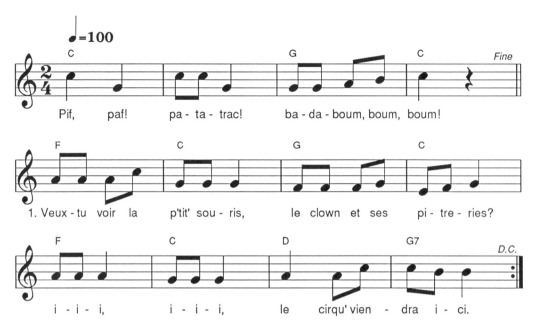

♩=100

C   G   C   *Fine*

Pif,   paf!   pa - ta - trac!   ba - da - boum, boum, boum!

F   C   G   C

1. Veux - tu voir la   p'tit' sou - ris,   le clown et ses   pi - tre - ries?

F   C   D   G7   *D.C.*

i - i - i,   i - i - i,   le   cirqu' vien - dra i - ci.

Pif, paf ! patatrac !
badaboum, boum, boum !

Veux-tu voir la p'tit' souris,
le clown et ses pitreries ?
I-i-i, i-i-i,
le cirque viendra ici.

L'acrobate est si habile
qu'elle marche sur un fil.
Zip-zip-zip, zip-zip-zip,
le cirque est dans la ville.

Tout le jour sans s'arrêter,
le beau manège a tourné.
La-la-la, la-la-la,
le cirque s'est installé.

L'homme fort, au bout de ses bras,
soulève tous les gros poids.
Oh ! la-la ! oh ! la-la !
le cirque est enfin là.

Entends-tu le lion rugir ?
Le gros éléphant barrir ?
Grr, grr,
le cirque vient de partir.

Pif, paf ! patatrac !
badaboum, boum, boum !

BRICOLAGES

Les activités de bricolage que nous proposons ici sont simples à réaliser, car elles sont spécialement conçues pour les apprentis créateurs. Le matériel utilisé est généralement emprunté à l'environnement immédiat. Il se compose en grande partie de formes toutes faites (bobines de fil, boîtes, tubes en carton, etc.), éliminant ainsi des manipulations trop complexes. Il est sans danger et peu coûteux puisqu'il s'agit d'objets habituellement destinés à être jetés après emploi.

Le collage

La technique du collage est très utilisée dans cet ouvrage. Pour assembler deux objets, par exemple un tube et une boule en polystyrène, la colle seule ne suffit pas. Du papier essuie-tout préalablement chiffonné et encollé que l'on insère dans le tube permet d'obtenir une plus grande surface adhérente. Le collage ainsi obtenu est plus solide.

Qu'ils soient faits de papier, de tissu, de laine ou de fourrure, les vêtements sont collés à même le corps des personnages. Les plus jeunes enfants peuvent toutefois les habiller avec des bouts de papier déchirés, puis collés, car ce procédé est plus facile.

La colle utilisée est standard : liquide, blanche, à base de vinyle, transparente après séchage et non toxique.

Pour les plus jeunes, certaines opérations nécessiteront l'aide d'un adulte. Par contre, les plus expérimentés pourront à leur guise modifier, enjoliver et complexifier leurs réalisations.

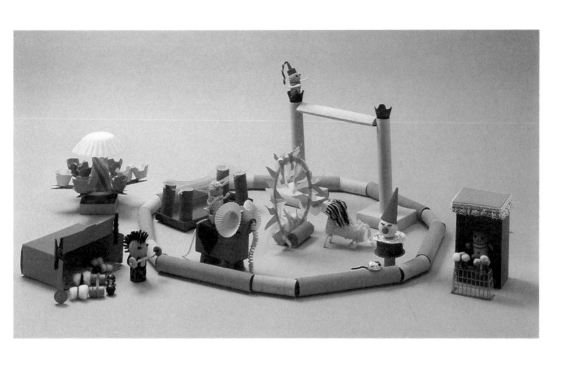

PISTE

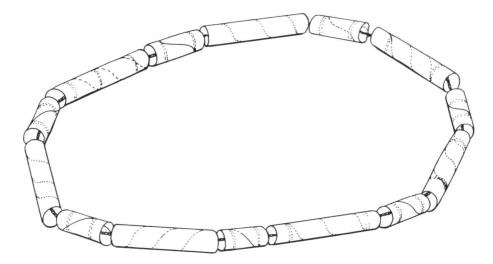

Matériel

- 7 tubes en carton
  (papier hygiénique)
- 7 tubes en carton
  (papier essuie-tout)
- Ficelle
- Gouache
- Ciseaux

Fabrication

1 Peindre les tubes ; laisser sécher.

2 Couper une ficelle de 3 m environ et enfiler en alternant les petits et les grands tubes. Terminer par deux nœuds.

CERCEAU ENFLAMMÉ

Matériel

- 2 tubes en carton (papier hygiénique)
- 1 grande assiette en carton rigide
- Papier de soie
- 2 pinces à linge
- Gouache
- Colle
- Ciseaux

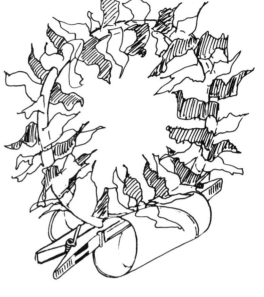

Fabrication

1 Le cerceau
Découper le rebord de l'assiette pour obtenir un cerceau.

2 Peindre le cerceau et les tubes ; laisser sécher.

3 Les flammes
Déchirer des languettes de papier de soie et les coller sur les deux faces du cerceau.

4 Installation du cerceau
Poser les tubes côte à côte et les maintenir réunis par une pince à linge placée à chaque bout. Insérer le cerceau entre les tubes.

17

TRAMPOLINE

Matériel

- 1 couvercle de boîte à chaussures
- 4 tubes en carton (papier hygiénique)
- 4 bouts de cure-pipe
- Papier essuie-tout
- 1 emballage en filet de nylon (raisins ou oignons)
- Gouache ■ Colle ■ Ciseaux

Fabrication

1 Peindre le couvercle et les tubes ; laisser sécher.

2 Installation des piquets
Chiffonner et coller du papier essuie-tout à une des extrémités de chaque tube et en laisser dépasser un peu. Encoller le surplus de papier et coller les tubes à l'intérieur des quatre coins du couvercle. Laisser sécher.

3 Couper l'attache de l'emballage en filet pour lui donner une forme rectangulaire.

4 Installation du filet
Percer le sommet de chaque piquet, vers l'extérieur, et y fixer par des bouts de cure-pipe les quatre coins du filet.

BARAQUE DE L'HALTÉROPHILE

Matériel

- Gouache
- Ciseaux

La baraque
- 1 boîte de flocons d'avoine (gruau) ou de pains bâtons
- 2 pinces à linge

Les haltères
- Cure-pipes
- Boutons à trous (2 de même grandeur pour chaque haltère)
- Billes perforées
- Bouchons de liège
- Tampons d'ouate

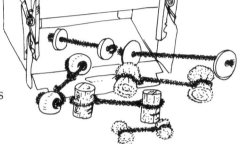

Fabrication

1 Peindre la boîte ; laisser sécher.

2 La baraque
Déposer la boîte à plat et la maintenir ouverte par des pinces à linge.

3 Les haltères
Tailler en double différentes longueur de cure-pipes pour fabriquer les manchons.
Tordre ensemble les cure-pipes de même longueur ; laisser les deux bouts libres pour y fixer les boutons, billes, bouchons ou tampons.

Remarque

Pour la fabrication des haltères, les plus jeunes peuvent utiliser des cure-pipes simples.

19

FIL DE FER

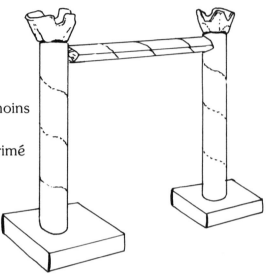

Matériel

- 2 petites boîtes
  de 13 cm x 13 cm au moins
- 2 alvéoles de boîte
  à œufs en carton comprimé
- 3 tubes en carton
  (papier essuie-tout)
- Papier essuie-tout
- Gouache
- Colle
- Ciseaux

Fabrication

1 Aplatir l'un des tubes

2 Poser les boîtes à plat. Avec les ciseaux, percer le centre de chacune d'elles, faire des entailles sur le pourtour des ouvertures et agrandir celles-ci en repliant les pointes vers l'intérieur. De cette manière, on évite de devoir découper au préalable un cercle qui risquerait d'être trop petit ou trop grand. Que les entailles soient également réparties ou non a peu d'importance, l'essentiel est qu'elles ne soient pas trop profondes. Cette façon de procéder simplifie le travail tout en fixant plus solidement les tubes aux boîtes.

3 Peindre les boîtes, les alvéoles et les tubes ; laisser sécher.

4 Chiffonner du papier essuie-tout, en coller aux extrémités de chaque tube en le laissant dépasser un peu.

5 Le fil de fer
Pour plus de facilité, réaliser ce montage à plat. Encoller les extrémités du tube aplati, le déposer à l'horizontale de manière que la partie plate se trouve sur le dessus à la fin du montage. De chaque côté du tube aplati, disposer verticalement les deux autres tubes et les fixer vers le haut ; maintenir le tout durant quelques secondes et laisser sécher à fond.

6 La base
Encoller les entailles des ouvertures des boîtes et la base des deux poteaux. Insérer ceux-ci dans les ouvertures et les y fixer en les maintenant en place durant quelques secondes.

7 Les sièges
Coller les alvéoles sur les poteaux à chaque extrémité du fil de fer.

MANÈGE

Matériel

- 1 boîte sans couvercle (environ 15 cm x 15 cm)
- 1 grosse bobine de fil
- 9 alvéoles de boîte à œufs en carton comprimé (3 doubles et 3 simples)
- 2 gobelets à café en polystyrène
- 1 petite assiette en carton rigide
- 1 paille en plastique
- 6 pinces à linge en bois
- 1 filtre à café en papier
- Gouache
- Colle
- Ciseaux

Fabrication

1 Percer le centre de l'assiette.

2 Peindre l'assiette, la boîte, les alvéoles, les gobelets et la bobine ; laisser sécher.

3 Les sièges
Fixer les pinces à linge à intervalles réguliers sur le pourtour de l'assiette. Coller les alvéoles sur les pinces en faisant alterner les doubles et les simples ; laisser sécher.

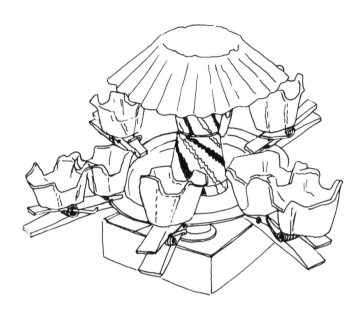

4 La base

Coller la bobine à l'intérieur et au centre de la boîte.

5 L'axe

Coller les gobelets par leur base et en percer le centre.

6 Montage

Passer d'abord la paille dans le trou pratiqué au centre des gobelets, puis dans l'assiette et ensuite dans la bobine. Couper la paille si elle dépasse des gobelets. Coller le filtre sur le bord du gobelet supérieur.

Remarque

On peut consolider la bobine au moyen de papier essuie-tout chiffonné, puis collé.

KIOSQUE
DE CRÈME GLACÉE

Matériel

- ■ Gouache
- ■ Colle
- ■ Ciseaux

Le kiosque

- ■ 1 petite boîte à chaussures avec couvercle
- ■ 1 petite boîte de coton-tiges (partie coulissante)
- ■ Papier essuie-tout

Décoration

- ■ Dentelle

Le comptoir

- ■ 1 petit récipient en plastique perforé (légumes ou fruits)

Les cornets

- ■ Papier de soie et tampons d'ouate
- ■ Capuchons de stylos ou de crayons feutres sans agrafe

Fabrication

1 Couper le couvercle en deux dans sa largeur.

2 Peindre les boîtes et le demi-couvercle ; laisser sécher.

3 Le plancher

Chiffonner du papier essuie-tout, l'aplatir légèrement, le coller dans la boîte de coton-tiges et en laisser dépasser un peu. Encoller le surplus de papier, placer la boîte à chaussures dans le sens de la hauteur et fixer la petite boîte à l'envers, à l'intérieur de la base de la première, de manière à surélever le personnage.

4 Le toit

Coller le couvercle en plaçant la ligne de coupe à l'arrière puisqu'elle n'a pas de rebord.

5 Décoration du toit

Coller de la dentelle sur le pourtour du couvercle.

6 Le comptoir

Couper le récipient en deux. Placer le comptoir à l'envers, à l'avant du kiosque.

7 Les cornets

Façonner de petites boulettes de papier de soie et d'ouate, en étirer une petite portion et la coller à l'intérieur des capuchons.

Remarque

Pour le comptoir, les plus jeunes peuvent utiliser le récipient entier.

ÉLÉPHANT

Matériel

- 1 boîte de sachets de thé
- 4 godets de lait de 30 ml
  (format utilisé en restauration)
- 1 alvéole de boîte à œufs
  en carton comprimé
- 1 gobelet en polystyrène
- Cure-pipes
- 1 petit morceau de papier essuie-tout
- 2 moules à gâteaux en papier
- Crayon
- Gouache
- Colle
- Ciseaux

Décoration

- Tissu

Fabrication

1 Raccourcir le gobelet en retranchant un peu de sa partie supérieure.

2 Peindre la boîte, les godets, le gobelet et l'alvéole ; laisser sécher.

3 Les pattes
Coller la base des godets sous les quatre coins de la boîte.

4 La trompe
Assembler deux cure-pipes par l'une de leurs
extrémités pour en obtenir un plus long, l'enrouler sur
un crayon pour lui donner la forme d'un cylindre, puis
retirer le crayon. Piquer un bout du cylindre, dressé à
la verticale, sur le fond du gobelet.

5 Les défenses
Sur le fond du gobelet, piquer deux fragments de cure-
pipe de part et d'autre de la trompe.

6 Les oreilles
Coller les moules de part et d'autre du gobelet.

7 Les yeux
Piquer les extrémités de deux fragments de cure-pipe
sur la face de l'éléphant.

8 Assemblage de la tête et du corps
Pour incliner la tête, chiffonner un petit morceau de
papier essuie-tout, le coller à un bout de la boîte,
rajouter de la colle et y fixer le gobelet.

9 Le siège
Tailler un morceau de tissu et le coller sur le dos de
l'éléphant. Coller ensuite l'alvéole sur le tissu.

10 La queue
Insérer un bout de cure-pipe sour le grand rabat de la
boîte.

Remarque

Les plus jeunes peuvent coller la tête à plat sur la boîte.

LION

Matériel

- 1 alvéole de boîte à œufs en carton comprimé
- 1 tube en carton (papier hygiénique)
- 2 cure-pipes et un fragment supplémentaire
- 1 feuille de papier essuie-tout
- Papier de bricolage
- 1 feuille de papier
- Laine
- Gouache
- Colle
- Ciseaux

Fabrication

1 Peindre l'alvéole et le tube ; laisser sécher.

2 La tête
Chiffonner la feuille de papier essuie-tout, la coller dans l'alvéole et en laisser dépasser un peu pour faciliter l'adhérence lors de l'assemblage.

3 La crinière
Tailler des bouts de laine assez longs pour recouvrir le papier essuie-tout et les coller près du bord de l'alvéole.

4 Les yeux

Tailler les yeux dans le papier de bricolage et les coller, ou alors les peindre à même la face du lion.

5 Le pelage

Tailler de petits bouts de laine et les éparpiller sur la feuille de papier. Encoller l'extérieur du tube et le rouler sur la feuille pour faire adhérer les brins au tube.

6 La queue

Assembler quelques brins de laine et les attacher avec le fragment de cure-pipe. Coller la queue sur le dessus et à l'extrémité du corps.

7 Les pattes

Entourer le corps d'un cure-pipe et réunir ses deux moitiés sous le corps en les tordant ensemble. Les extrémités repliées forment les pattes antérieures. Procéder de la même manière pour les pattes postérieures.

8 Assemblage de la tête et du corps.

Coller la tête au corps.

CLOWN

Matériel

- 1 bobine de fil
- 1 boule en polystyrène de 5 cm de diamètre
- 1 cornet de papier
- Cure-pipes
- Papier essuie-tout
- 1 petit dévidoir en carton (ruban d'emballage)
- Tissu
- 1 petit napperon en papier
- 1 bouton bombé
- Gouache
- Colle
- Ciseaux

Fabrication

1 Le chapeau
Couper le cornet sur toute sa longueur, le resserrer pour en diminuer le diamètre et le recoller.

2 Peindre la boule, le cornet et le dévidoir ; laisser sécher.

3 Les vêtements
Les tailler dans deux bouts de tissu et les coller sur le dévidoir et la bobine.

4 Tordre ensemble deux cure-pipes de manière à obtenir un cure-pipe plus épais, le plier en trois et en piquer une extrémité dans la boule.

5 Pose des bras
Ceinturer d'un cure-pipe celui qui est déjà piqué dans la boule, réunir les deux moitiés en les tordant solidement, les ramener vers l'avant et les plier pour former les mains.

6 Le corps
Enfiler successivement le napperon perforé en son centre, le dévidoir puis la bobine sur le cure-pipe piqué dans la boule.

7 Le chapeau
Chiffonner du papier essuie-tout et le coller à l'intérieur du cornet. Rajouter de la colle et le fixer sur la tête.

8 Pose des yeux
Piquer les extrémités de deux fragments de cure-pipe sur le visage.

9 Pose du nez
Fixer le bouton sur le visage par un bout de cure-pipe.

Suggestion

On peut faire le nez avec une petite boulette de papier de soie.

31

ACROBATE

Matériel

- 1 petite boîte de médicament (flacon à compte-gouttes)
- 1 boule en polystyrène de 4 cm de diamètre
- Cure-pipes
- Papier essuie-tout
- Tissu
- Dentelle
- Gouache
- Colle
- Ciseaux

Fabrication

1 Peindre la boule ; laisser sécher.

2 Le vêtement
Le tailler dans un bout de tissu et le coller sur la boîte.

3 Pose des bras
Entourer le haut de la boîte d'un cure-pipe de 30 cm de longueur. Réunir ses deux moitiés dans le dos du personnage en les tordant solidement ; les ramener vers l'avant de chaque côté du corps. Plier les extrémités du cure-pipe pour former les mains.

4 Assemblage de la tête et du corps
Plier les rabats de la boîte vers l'intérieur, chiffonner du papier essuie-tout, le coller à l'intérieur de la boîte près du bord, rajouter de la colle et y fixer la boule.

5 Pose des yeux
Plier deux fragments de cure-pipe en deux et les piquer dans la boule.

6 La coiffure
Tailler un morceau de dentelle et le coller sur la tête de l'acrobate, à partir du front jusqu'à la nuque.

Remarque

Pour fabriquer le corps, il faut utiliser une boîte qui s'ajuste dans l'alvéole collé sur le dos de l'éléphant et qui ne soit pas trop haute pour ne pas déséquilibrer l'acrobate.

ÉQUILIBRISTE

Matériel

- 1 grosse bobine de fil
- 1 boule en polystyrène de 4 cm de diamètre
- 1 bouchon à bec pointu (flacon de colle)
- Cure-pipes
- Tissu
- Gouache
- Colle
- Ciseaux

Fabrication

1 Peindre la boule ; laisser sécher.

2 Le vêtement
Le tailler dans un bout de tissu et le coller sur la bobine.

3 Pose des bras
Entourer le haut de la bobine d'un cure-pipe de 30 cm de longueur. Réunir ses deux moitiés dans le dos du personnage en les tordant solidement ; les ramener vers l'avant de chaque côté du corps. Plier les extrémités du cure-pipe pour former les mains.

4 Assemblage de la tête et du corps
Plier un bout de cure-pipe en deux s'il est épais ou en
quatre s'il est mince ; piquer une des extrémités dans la
boule et l'autre dans le trou de la bobine. De cette manière,
on peut faire bouger la tête.

5 Pose des yeux
Plier deux fragments de cure-pipe en deux et les piquer
dans la boule.

6 Le chapeau
Tailler deux bouts de cure-pipes de même longueur et les
tordre pour obtenir un cure-pipe plus épais. Piquer un bout
de celui-ci dans la tête, y enfiler le bouchon et recourber le
reste du cure-pipe vers le bas.

HALTÉROPHILE

Matériel

- 1 tube large en plastique de grandeur moyenne (pilules)
- 1 boule en polystyrène de 5 cm de diamètre
- Cure-pipes
- Papier essuie-tout
- Tissu
- Gouache
- Colle
- Ciseaux

Fabrication

1 Peindre la boule ; laisser sécher.

2 Le vêtement
Le tailler dans un bout de tissu et le coller sur le tube.

3 Pose des bras
Assembler par l'une de leurs extrémités deux cure-pipes de 30 cm de longueur. Entourer de ce long cure-pipe le haut du tube. Réunir ses deux moitiés dans le dos du personnage en les tordant solidement ; les ramener vers l'avant de chaque côté du corps. En couper les bouts si les moitiés sont trop longues et les plier pour former les mains.

4 Assemblage de la tête et du corps
Chiffonner du papier essuie-tout, le coller à l'intérieur du tube près de son orifice, rajouter de la colle et y fixer la boule.

5 Pose des yeux
Piquer les extrémités de deux fragments de cure-pipe dans la boule.

6 Les cheveux
Couper plusieurs petits bouts de cure-pipe et les piquer dans la tête de l'haltérophile en formant une bande allant du front à la nuque.

VENDEUSE

Matériel

- 1 tube en plastique de grandeur moyenne (pilules)
- 1 boule en polystyrène de 4 cm de diamètre
- Cure-pipes
- Papier essuie-tout
- Tissu
- 2 petits boutons à trous
- Gouache
- Colle
- Ciseaux

Fabrication

1 Peindre la boule ; laisser sécher.

2 Le vêtement
Le tailler dans un bout de tissu et le coller sur le tube.

3 Pose des bras
Entourer le haut du tube d'un cure-pipe de 30 cm de longueur. Réunir ses deux moitiés dans le dos du personnage en les tordant solidement ; les ramener vers l'avant de chaque côté du corps. Plier les extrémités du cure-pipe pour former les mains.

4 Assemblage de la tête et du corps
Chiffonner du papier essuie-tout, le coller à l'intérieur du tube près de son orifice, rajouter de la colle et y fixer la boule.

5 Pose des yeux
Plier deux fragments de cure-pipe en deux et les piquer dans la boule.

6 Les barrettes
Fixer les deux boutons sur la tête de la vendeuse par deux petits bouts de cure-pipe.

39

SOURIS SAVANTE

Matériel

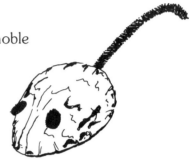

- 1/2 coque de noix de Grenoble
- 1 bout de cure-pipe
- Papier d'aluminium
- Feutrine
- 1 petit tampon d'ouate
- Colle
- Ciseaux

Fabrication

1 La queue
Coller une section du bout de cure-pipe dans l'extrémité la plus large de la demi-coque ; coller le tampon d'ouate sur le cure-pipe pour le consolider. Laisser dépasser le reste du cure-pipe.

2 Le corps
Déchirer un petit morceau de papier d'aluminium et en envelopper la demi-coque en contournant la queue.

3 Les yeux
Tailler deux fragments de feutrine et les coller sur la souris.

Suggestion

Les plus jeunes peuvent fabriquer les yeux avec du papier de bricolage déchiré, puis collé.